FERNE TEILNEHMER

KLAUS REINHOLD
FERNE TEILNEHMER
GEDICHTE

Bibliografische Information der Deutschen Nationalbibliothek:
Die Deutsche Nationalbibliothek verzeichnet diese Publikation
in der Deutschen Nationalbibliografie; detaillierte bibliografische Daten sind im Internet über http://dnb.dnb.de abrufbar.

© 2013 Name des Autors/Rechteinhabers **Klaus Reinhold**

Herstellung und Verlag: BoD – Books on Demand, Norderstedt

ISBN: 978-3-7322-9769-6

Der Eskimokuss

Sie reiben ihre Nasen gegeneinander.
Das machen sie jahrelang.
Und trauen sich keinen Schritt näher.

Das Gelb der Rapsfelder im Mai
stimmt zuversichtlich und lässt hoffen,
dass die Kälte grauer einengender Tage
aus dem Herzen weicht.

Das Gelb der Rapsfelder im Mai,
für Sekunden überlagert von einem flimmernden Bild
handgeschriebener Zeilen in einem alten Schulheft.
Das ist der Kuss,
der kein Ende der Kindheit kennt.

Das Weiß der Wolken im Blau des Himmels,
das Buntstiftgrün von Wiesen und Wäldern,
die Brille und die Halskette mit Kreuzanhänger
auf einer schwarzweiß gewebten Decke am See,
das Gelb der Rapsfelder im Mai.

Heute scheint die Sonne.
Ich habe die Sonne persönlich mitgebracht.
Ich habe sie mir unter den Arm geklemmt.

Ich hätte dir gerne die Welt geschenkt.
Aber das ging gerade nicht.
Vielleicht das nächstemal.

Ein Pinselstrich
kann wie ein federnder Schritt sein.

Das Leben ist ein faszinierender Weg.

Ich bin mir sicher,
dass ich den fernen Horizont
erreichen werde.

Brennende Neugier.
Unauslöschbare Hingabe.
Ich will wissen,
mich mit eigenen Augen
davon überzeugen,
was dahinter liegt.

Das ist nicht ungefährlich.

Einmal blickte ich bereits
hinab
auf die Landkarte
meines bisherigen Lebens.

Dennoch:
Besser den Rucksack
auf dem Rücken
als die zerrissene Zeit
im Genick.

Weiße Wolken
vor dem kräftigen Blau des Himmels.
Die unglaubliche Weite dieser Landschaft.
Es ist einfach überwältigend.
Das ist Magie und pures Glück.
Und wie im Traum
entdecke ich das verborgene Feuer

in den ausdrucksvollen Augen
in dem strahlenden Gesicht der Anna Pavlova,
das ich gleichzeitig vor mir sehe,
ihre einzigartige Energie.
Die Heiterkeit des Gehens schenkt Bilder,
die keine Schatten werfen.

Kräuter und Beeren wachsen unter diesem Himmel.
Sie ergänzen meine Nahrung.
Die Horizontlinie dient der Verherrlichung der Welt.
Spricht man darum von Weite?

Ziele sind nur Wegweiser

Was machst du,
wenn du den Berg,
den du erklimmen willst,
erklommen hast?
Flügel, mit denen du noch höher fliegen möchtest,
hast du nicht.
Du musst also verharren oder rückwärts gehen.
Gehst du rückwärts war deine Kletterei vergebens.
Verharrst du wird man dich sitzen lassen
und sich denen zuwenden, die ebenfalls den Berg
erklimmen wollen.
Nur der, der nie sein Ziel erreicht,
wird immer im Blickpunkt stehen,
da er nie beweisen muss was er machen würde,
falls er den Berg erklommen hätte.
Ziele sind nur Wegweiser aber nie Endpunkt.
Null ist die Mitte aller Zahlen.

Grau.
Schneeregen.
Ein Tag wie frühe Dunkelheit.
Tot die glanzlosen Teiche.
Ich gehe einige Schritte die Straße entlang.
Dann setze ich mich in mein Auto.
Musik: Canzoni Aldo Romano Quartete.
Der Unterschied zwischen zwei Menschen
besteht aus Demnächst / aus genauer Datumsangabe.
Zum Vorort hinaus und auf die Umgehungsstraße.
Flachland.
Novembertraurig und düster.

Hin und wieder
vereinzelte verloren wirkende Gebäude.
In der City betrete ich das Büro.
Bis 20 Uhr sitze ich vor dem Rechner.
Wer fleißig arbeitet,
der bekommt auch ein zweites Leben geschenkt.
Als ich zur Tür hinaustrete
empfängt mich ein schneidendkalter Wind.
Einige Läden sind noch bis Mitternacht geöffnet.
Das muss ich mir nicht antun.
Zu dem Thema habe ich sowieso
nur abfällige Gedanken.
Alles eine Frage der Organisation.

April

Tanz der Schneeflocken.
Sie kommen
an das Fenster
herangeschlichen
und denken,
sie wären
besonders charmant.
Haut bloß ab.
Ihr könnt
im nächsten Jahr
wiederkommen.

Ich wäre auch gerne
im Basislager –
im Basislager
der Dichter.
Von dort aus
wäre ich dann
(Sehr gerne sogar)
weiter aufgestiegen
zum Gipfel.
Im Gepäck eine Fahne
mit dem Aufdruck:
Danke! Danke! Danke!

So ist Berlin

Das helle Lachen
der bronzehäutigen Frau.

Amazone   Akrobatin   Fliegerin
Stolz   Gelenkig   Kühn

Stopp

Du wirst sie nie wieder sehen

wenn du jetzt nicht
über das Feuer läufst.

Es war schon immer etwas einsamer
einen besonderen Geschmack zu haben.
Es sind nur Wenige
die über eine Hängebrücke gehen können,
wenn der Abgrund darunter
vom schönen Tag
auch seine Tiefe zeigt.

Die Stadt ist eine einzige Erinnerung
an eine rätselhafte Nachricht.
Müdigkeit durch Nichtbeachtung.
Das Ablegen von Frauen ist ein Lichtdefizit.
Eine Berührung entfernt und verformt sich
zu einem Spinnennetz qualvoller Zärtlichkeit.
Die leeren Gondeln im Dezembereisregen.
Irgendein Magnet saugt alle Lebensenergie
aus mir heraus.
Eine Vorahnung ist eine Entdeckung,
die viele Fragen nach sich zieht.
Die dunklen und die blendenden Feuer der Lust.
Priorität der Balance unter hohnvollen Götteraugen.
Die fernen Sturmfluten.
Die fernen Dolmen und Menhire.
Papierfetzen.
Die Gejagten werden um ihre Reife betrogen.
Wie russisches Roulette bereitet die Nacht
ihre Täterprofile vor.

Ferne Teilnehmer

Sie verbergen sich.
Wir bekommen
sie nie zu Gesicht.
Ihre Aufenthaltsorte
sind streng geheim.
Sie leben verstreut
auf diesem Planeten.
Namenlos sind sie nicht,
aber ihre Namen bleiben unbekannt.
Sie genießen mit aller Macht
die Vorteile der Anonymität.
Denn sie bestimmen das Spiel.
Ferne Teilnehmer,
der Unendlichkeit des Weltenraumes fern.
Sie haben sich nie darauf eingestellt.

Gewisse Zeiten.
Bestimmte Schlüssel.
Zigarettenrauch.

Bist du schon einmal
zur See gefahren?
Nimm die Stricke
und binde dich
an ein Märchen
wenn der Sturm kommt.
Schiffe
versinken nicht so leicht.

Wer zu früh
über Bord springt
ertrinkt meistens.

Nähe ist auch nur relativ.
Romantisch sehen die Leuchttürme aus
aber wie Curaregift
ist die Kälte des Wassers.

Die Augen der Einsamkeit
in der richtigen Lichtdosierung.
Gelb eingefärbte Straßen
durchziehen ruhige Traumszenen.
Silhouetten und Erfrischungstücher.
Keine überladenen Worte in der Dämmerung.
Ein Satz ist nicht der Überblick.
Weißer Mond. Weiße Eleganz.
Gesichter sind Farbenspiele,
die der Morgenwind fortweht.

Schöne Landschaften gibt es im Abendhimmel.
In dieser Minute das schmale
langgestreckte Band eines Sprungbretts,
den tiefgelben See zur Rechten
mit seiner ansteigenden
zartblauen Steilküste
und zur Linken
den großen rosafarbenen Teich,
umgeben von einer
in mischgrau bis dunkelblau
gefärbter Wiese.

Auf dem Weg zwischen zwei Brücken
gerate ich in die Dunkelheit.

Die Ellbogengesellschaft
will immer mehr haben als sie schon hat.
Nie zufrieden, nie gesättigt,
nie Abstand, nie überlegen.
Sie will nur haben, haben.
Das ungeborene Leben,
die Organe Verstorbener,
unser Geld
und vor allem unsere Zeit.

Drinks gemixt für die Zukunft.
Gipfelstürmer in Love.
Die Ausleuchtung der vorgezeichneten Linie.
Musterkartenphantasien oder Forderungen.
Romanze von der Anbetung alter Tröge.
Man kann darüber nachdenken.
Aber nicht rabenschwarz.

Politiker sind immer unschuldig,
selbst wenn sie schon über Achtzig sind,
umringt von der Schar ihrer Enkel und Urenkelkinder.
Politiker sind immer unschuldig.

Gegen die vom Bösen verhetzten Gemüter,
überwiegend ohne Abitur,
hilft dem Zwerg ein Geländewagen
und dem Politiker ein smarter Anwalt.

So viele Sprachen mit ihren Staub bedeckten Böden.
Dezember. Kalt. Kein Schnee. Wie Sommer.
Kolorierte Torfgräben.
Gefiedermuscheln.
Die lauten und rauen Schreie der Schwäne im Flug.
Der Malachit mit seinen dunklen Adern.
Es gibt Erinnerungen von großer Schwerkraft.

Draußen vor dem Fenster
die Apfelbäume im Garten.
Fast klösterlich
dieser Ausblick,
der zum träumen einlädt.

Bin ich bescheiden,
wenn mir das gefällt?
Gibt es einen Grund
unzufrieden zu sein,
wenn ich träumen darf?

Es gibt Tische
in Nobelrestaurants –
Die Stühle sind bereits besetzt
von den Spielern,
deren Sprache dich ausschließt.

Wäre es nur eine Steilwand,
die zu bezwingen ist.
Aber diese Menschen haben über sich selbst
die Kontrolle verloren
durch ihre Uhren und ihre Tätowierungen.

Diese Heuchler.
Wenn die ihre Hand aufs Herz legen
sollte es verlassene Räume geben
und leere Garderobenständer.
Zwölf Monate Lügen im Jahr.

Ich mag diese Leute nicht
und diese Leute mögen mich nicht.
Während ich zum Fenster hinaussehe
denke ich an die junge und schöne Joan Baez
wie sie gerade einen Apfel isst.

Warum die Stunden
im Leben der Armen
stets wertloser sind
als die der Reichen,
das ist unbegreiflich.

Wenn die Ausübung
einer bestimmten Tätigkeit
acht Stunden
des Lebens kostet,
dann sind,
zum Sirenenton des Feierabends,
auch acht Stunden
im Leben eines Reichen
vergangen.

Die Anzahl der Stunden
bleibt gleich.

Nur das Einkommen
ist ungleich.

Die Bettlerin

Eines Tages
wechselte sie den Platz.
Ich hörte davon
und wusste,
das ist normal
sich gelegentlich
einen anderen Platz
zu suchen.
Das ist die Freiheit,
jederzeit wieder
eine andere Wand
im Rücken zu haben.
Auch wenn man sich wundert
oder lange darüber nachdenkt –
Sie hat es richtig gemacht.

Ich sehe sie vor mir.
Jung, schlank und groß,
kurz geschnittene Haare,
ein bestimmtes Lächeln im Gesicht,
eine leichte Drehung des Fußes.

Wir haben uns
ab und zu unterhalten.
Zum Beispiel über Augenhöhe
(„Irgendwann läuft man da übereinander.")
und über den Traum
von einem Südseetörn.
Auch darüber,
dass am Boden sitzen
Gestaltung sein kann,
um eine gewisse
ironische Trauer rüberzubringen.

Tamara sagte

Sie kommen alle wieder
vor dem Winter.

Unsere Parallelgespenster,
unsere Kopfstanddenkmäler.

Selten ausgeglichen,
eher ziemlich miese drauf.

Aber Direktverbindung zu Gott
und das Strapazenvideo dabei.

Mit halbnackten Frauen
und Hund in Süßsauer.

Wenn du da keine Haken schlägst
hast du Krankenschwester gelernt.

Hier sanieren sie sich wieder.
Egal was. Hauptsache Kohle.

Sie kommen alle wieder
vor dem Winter.

Reisetag.
Aufnahmen.

Kühle Mittagsstunde.
Früher Nachmittagsmond.

Wege, Gleise,
Seen, Inseln.

Motive genug
und Stille.

Der Wald von Saeby

Vielleicht
kommen die Landschaftsmaler
im Sommer wieder.
Interessant sind die Maler,
die von einem besseren Bett träumen.

Wenig gelingt,
denn der Frost
dieses Winters
ist wie ein Panzer,
der dich einschnürt.

Die schmale Sichel des Mondes
ist ein Teil dieser kalten Poesie:
Ein gleichgültiger Blick
auf die bereits Erfrorenen dieser Nacht.

Manchmal ist das Leben
wie Indianerschmuck
mit schwarzen Steinen.
Schwer verkäuflich
und sogar als Spende
für eine Tombola
nur ungern gesehen.

Liebe

Liebe verlässt nahe stehende Menschen,
trennt sich von deren „überlegenen" Antworten.
Liebe ist das Verlangen,
schutzlos und mutig
zugleich zu sein
für den eigenen Blick.

Liebe ist eine Wanderung,
die nie mehr enden wird.
Liebe vagabundiert.
Kennt eine Erdhöhle genau so gut
wie das vom Sturm umtoste Schloss am Meer.

Manche Leute haben eine tolle Wohnung
mit Sauna,
zwei Fernsehgeräten,
vor der Haustür das Auto
mit einem Rostfleck
(Okay, das ist ja ganz schön,
 auch wenn ich meine,
 ich brauche das nicht).
Nur eines fällt mir immer wieder auf:
Diese Leute sind so nervös,
als hätten sie nichts zu essen.

Wie schnell
eine kleine Nacht vergeht.

Wenn du
die Augen auf machst
ein kurzes Gastspiel
der Sonne.

Und schon
- Wutsch –
verschwindet sie
hinter den Wolken.

Du musst
flirten, zwinkern,
mit den Augen klappern,
damit die Sonne
wieder hervorkommt.

Siehst du,
wie sie da
angelaufen kommt,
wie sie
über das Feld läuft,
wie sie darüber huscht?

Komm, Kleines,
aufstehen.
Du versäumst das Leben
wenn du nicht
den Flieder im Mai riechst.

Weg vom Fenster

Sie wirft sich
über die Motorhaube
des Streifenwagens
und sagt:
„Wo ist denn hier
der Eingang?"

Angesichts faszinierender,
sinnverwirrender, berauschender Bilder,
Aufnahmen eisiger Natur
und der interessanten Menschen,
die so weit entfernt von uns sind
in den Außenstationen dieser Erde,
um dort einer wissenschaftlichen Arbeit
nachzugehen.
Im Wissen um dieses andere Leben,
das so ein reiches Feld für Entdeckungen ist,
da fühle ich geradezu
wie sich kriminelle Energien in mir aufbauen,
dass meine persönliche Weiterentwicklung
durchaus keinen Schaden nehmen würde
und ich überaus leichten Herzens
auf die angebotenen Wellness Streicheleinheiten
im Anzeigenteil der Presse
verzichten könnte.

Nachdenklich,
am Fenster eines Museums stehend,
hinausblickend auf den Hafen,
Spaziergänger betrachtend,
die ihrerseits
einem auslaufenden Schiff nachsehen,
das Kurs nimmt
auf die offene See,
See,
bedrohte und gefährdete See,
es ist nötig,
eine Frage zu stellen:

Wenn das Meer stirbt,
verstummt auch der Wellenschlag?

Welche Sehnsucht auch immer
mich beseelte,
ich fand keinen Zugang
zu meinen Träumen,
die immer dünner wurden,
abmagerten
zu Haut und Knochen,
obwohl ich doch
genügend aß.

Du hast es nicht
mit einem achtlosen Schulterzucken verbunden.
Auch behielt deine Stimme dabei
ihren melodischen, freundlichen Klang.
Aber es war eine Zurückweisung,
gepaart mit einem gewissen Verständnis
und einer feinen Spur der Überlegenheit.
Der einsetzende Schmerz der Enttäuschung
steigerte sich zu jenem verzehrenden Schmerz,
den auch großartige Science Fiction Romane
auslösen können.
Ich war dir sehr nahe gekommen.
Fast hätte ich dein Herz berührt,
die verborgene, dunkle Wahrheit erfahren
unter der Panzerung.
Ich weiß es ganz genau.
Ich habe es damals gespürt.
In diesem Augenblick der wirklichen Nähe
ertönte das laute Zuschlagen einer Wagentür
von der Straße her.
Hand in Hand gehen wir spazieren.
Glücklich und unbeschwert,
so selbstverständlich wie das warme Sonnenlicht
eines zauberhaften Apriltages
auf unseren Gesichtern liegt.
Nach deinen vielen Reisen
um den halben Erdball herum,
ertönte das laute Zuschlagen einer Wagentür
wie in einem Film von Hitchcock
und verdunkelte das Zimmer,
in dem wir uns gegenüber standen.
Sind wir uns begegnet,
damit ich die überwältigenden Bilder
großer Liebe und Hingabe
nur auf der Kinoleinwand betrachten darf?

„Du kannst ja sehr überzeugend reden,"
sagte ich zu dir,
„aber mich hast du damit nicht beeindruckt.
Ich weiß, dass du ein großes Herz hast
und dass du es nicht so negativ meinst,
wie du es gerade gesagt hast."
Worte, die dich überraschten.
„Du kennst mich schon viel zu gut,"
war deine nachdenkliche Antwort.

Kaltweißer Sonnenball über der Bucht.
Diese Stille ist für einsame Wanderer.
Keine Geschäfte, keine geheimen Türen.

Was ist schon das Ziel,
wenn es als Thema
bereits hintenan gestellt ist.

Septembergrauer Wolkenflug.
Septemberkalter verlassener Strand.
Die perfekte Traurigkeit hat aufmerksame Augen.

Zwischen Tür und Angel

Man hat,
wenn man nicht von Haus aus
die Mittel mitbekommt,
nur die Möglichkeit
zwischen Tür und Angel
kreativ zu sein.
Mit anderen Worten:
Es wird dir nicht verwehrt
wie eine Schneeflocke
auf eine heiße Herdplatte
zu fallen.

Der Plan sieht vor,
dass zahlreiche alte Bäume
einem Hotelbau zu weichen haben.

Als Ersatz
wird die Neuanpflanzung
von jungen Bäumen angeboten.

Ich bin dafür,
dass dann auch
Planern und Befürwortern
der Mercedes, Porsche oder Volvo
gleichfalls weggenommen
und durch ein wenigstens
150 Jahre altes Laufrad
ersetzt wird.

Damit der Unterschied
einmal klar wird.

Ich habe in die Ferne hinaus gehorcht,
sprungbereit in den Startlöchern,
jung und geschmeidig durchgeatmet für die Toten,
bin voller Verlangen und Erinnerungen
an eine großartige Weite.

Das interessiert mich gar nicht,
ob es falsch
oder richtig verstanden wird,
wenn ich heute
einen Tag frei nehme,
diesen Arbeitstag,
der morgen bereits
wieder auf der Lauer liegt,
einmal ausfallen lasse.

Charmanter Gedanke
für eine gute Atmosphäre.
Gefällt mir sehr.
Ich bin wirklich zufrieden.

Du brauchst einen Überblick,
eine Aussicht und ein starkes Verlangen
in deinem Herzen.
Hier sitzt die Power.
Immer wieder.
Wie langweilig wäre diese Welt
ohne die alten Filme,
ohne die vielen Spiegelungen,
ohne die überwältigende Rauschhaftigkeit
sämtlicher Düfte, Farben und Gefühle
der Lebensfreude.

Und ich werde S I E wieder sehen.
S I E.
Die Frau mit dem fröhlichen Sommersprossengesicht,
die mir so vergnügt zuwinkte,
dass es mich förmlich über die Straße riss.
Ihre melodische Stimme,
ihre sanften, freundlichen Worte,
diese gepflegte Sprache einer guten Bildung.

So geht man wie in Mokassins
leichtfüßig und vertraut nebeneinander her.

Was macht es schon,
wenn hoch über uns ein Hubschrauber fliegt
mit einem Häuptling an Bord,
für den Termine und Geschäfte
die einzige Geliebte ist
(Genau das wollen wir vermeiden!),
während wir Händchen haltend
den Zauber des Schlossgartens
und das Glück unserer Begegnung
wie das große Los genießen.

Du sagst: „Ich bin die Jüngste."
Du sagst: „Ich bin ein Kind der Liebe.
Mein ganzes Leben ist Liebe.
Die Mutter, der Vater,
die beiden älteren Schwestern,
sie alle haben mir nur Liebe entgegengebracht."

Die Mittagszeit ist die wunderbare Stunde
ruhiger, konzentrierter Aufmerksamkeit.
Ein Schwelgen im sanften dahinfließen der Augenblicke.
Entzückende Magie aufgeschlagener Seiten.
Kein Gedanke an die kleine Ausreißerin Vergangenheit.
Wer das zu genießen versteht
fühlt sich wie in der Schwerelosigkeit des Alls.

Nach dem Essen hast du spitzbübisch gelächelt.
Sagtest zu mir:
„Ich habe schon gemerkt, dass du dich auskennst.
Ich bin angenehm überrascht.
Dieses Restaurant ist ein absoluter Geheimtipp.
Erlesene Küche.

Der Koch verdient zwei Bodyguards zusätzlich.
Sonst entführen sie ihn demnächst sonst wohin.
Hier kann man jederzeit wiederkommen.
Wenn ich an die vielen Leute denke,
die alle mit ihrer Naivität als Sicherheit
durchs Leben gehen,
dann müssen wir beide uns doch
ziemlich viel Wissen, einschließlich guten Geschmacks,
angeeignet haben."

Der Parkplatz,
idyllisch gelegen und von Bäumen umsäumt,
bleibt hinter uns zurück.
Vor unseren Augen ein überwältigender Ausblick:
Das Steilufer, an dessen Rand wir treten.
Hier herrscht immer – mal milder, mal stärker –
der Fieberhauch einer Lichtstimmung,
die Maler ihre Staffelei
und Fotografen ihre Stative mitschleppen lässt.
Leichter Wind von der See her
und unter uns das kaum bewegte,
ruhig dahin fließende Wasser
der lang gestreckten Bucht.
Wir wissen,
dass der Fischereihafen gut erreichbar ist
und dass dieser kleine Ort
in der Saison viele Besucher hat.

Wir gehen am Strand entlang.
Der weite blaue Himmel lebt davon,
dass er sichtbar ist wie Musik,
die gerade gespielt wird.
Zart und zerbrechlich
ziehen langsam die weißen Farbtupfer
der Wolken über uns dahin.

Sand und Geröll wechseln einander ab
unter unseren Schritten.
Feuersteine sind kein Grund
für schwarze oder graue Gedanken,
egal wie stark oder schwach
ein bestimmter Farbton in dieser Welt erscheint.
Es gibt Menschen auf diesem Planeten,
deren Sprache vielfältiger, zutreffender
und geschmeidiger ist
als jede Fotostrecke in den Hochglanzmagazinen.
Die wunderbare Schönheit,
die wir genießen dürfen,
durch ferne Augen gesehen,
unterscheidet die Farben
so differenziert und genau,
dass alleine schon die Kenntnis dieser Wörter
ein großer Reichtum ist.
Du wendest mir dein Gesicht zu.
Mit fröhlicher Stimme sagst du:
„Eben gerade ist mir ein sehr guter Gedanke gekommen.
Wenn ich mir die weiße Rinde der Feuersteine so ansehe,
die könnte man beschriften
oder aufwendiger noch sogar bemalen.
Vielleicht gibt es das schon.
Vielleicht ist dieser Einfall nicht einmal neu.
Aber es könnte mich wirklich begeistern,
ein Werk von vielen Kilometern Länge zu schaffen,
die der Leser oder Betrachter
immerhin abwandern muss,
bevor das Happy End sein großes Herz erreicht.
Ich fühle es geradezu,
dass der Geist der Piratinnen
mich dazu auffordert."
„P i r a t i n n e n?
Wo nimmst du die so plötzlich her?"

„Also, bevor Frau duschen ging
bestimmte sie vor langer Zeit bereits
den Lauf der Geschichte.
Jetzt verrate ich dir einmal etwas unglaubliches,
etwas, das nur sehr wenige noch wissen.

Nämlich wie die Farbe Weiß
zu den Feuersteinen gefunden hat.
Einst segelten Piratinnen über die Meere
und enterten die Handelsschiffe habgieriger Kaufleute,
die vom teilen ihrer Güter so wenig hielten
wie die heutige Milliardärsclique.
Natürlich kam es zur Verfolgung der Piratinnen
und oft genug gerieten sie auch in eine Falle.
Stand die Niederlage unvermeidlich vor Augen,
entzogen sie sich drohender Vergewaltigung und Folter
durch Selbstmord.
Zuvor jedoch übergaben sie dem Meer
den geheimnisvollen Inhalt einer Truhe.
Stofffetzen.
Lauter kleine Stofffetzen aus weißem Segeltuch.
Abertausende von ihnen.
Sie berühren die Wasseroberfläche
und werden sofort lebendig.
Sie entziehen sich dem Blick des Feindes,
tauchen ab auf mehrere Meter Tiefe
und nehmen dann ihre große Reise auf.
Wer weiß wie lange? Ist das nicht egal?
Irgendwann haften sie an Feuersteinen
und werden weiße Rinde.
Schönes Weiß.
Ewiges unverwüstliches Hochzeitsweiß."

Wir gehen am Strand entlang.
Sanft auslaufende Wellen.

Sehr angenehm auch
der leichte Wind.
Bilde ich mir das ein
oder schmecke ich wirklich
Salz auf meinen Lippen?
„Oh, schau mal,"
sagst du ganz plötzlich,
„was uns der große Reeder
verpackungsfrei geliefert hat."
Sehr großzügig.
Ein Klappsessel.
Sogar mit hoher Rückenlehne.
Edles Plastikdesign.
Einladend steht er da.
Scheinbar vergessen.
Flüstert uns zu:
„Na endlich.
Wurde auch langsam Zeit,
dass mal jemand vorbei kommt."

Erstaunlich,
was die Leute so alles zurücklassen,
wenn sie aufbrechen.
Kann vielleicht auch die Bandscheibe
gewesen sein,
die nicht mehr mitgespielt hat,
als es ans tragen ging.
Wer weiß?
M E I N E R !
Husch.
Und schon hast du Platz genommen.
Leicht zurückgelehnt sitzt du da,
lässt dir die Sonne ins Gesicht scheinen,
absolut zufrieden mit dir selbst.
Du strahlst eine unglaubliche Entspannung aus.

Und das bringst du rüber.
Die hundertprozentige Showfrau.
Daran werden andere
viele Jahre lang vergeblich arbeiten.
Beispiellose Perfektion.
Soeben hast du mir wie nebenbei gezeigt,
wie viel Selbstbewusstsein
und wie viel Energie in dir stecken
und dass du jeden Preis wert bist,
wenn wir die gemeinsame Zukunft planen.
Der kurz geschnittene
leicht verstrubbelte Stufenhaarschnitt
steht dir ausgezeichnet.
Ich bin mir sicher,
tausende von Frauen schlendern gerade
durch die Fußgängerzone der Stadt,
aber nicht eine dürfte darunter sein,
die so lässig bekleidet geht wie du.
Sneaker,
schwarzer Overall,
weißes T-Shirt.
Um den Hals einen bunten Seidenschal.
Keinen Schmuck.
Weder Kette noch Ring.
Du sagst:" Jetzt fotografiere mich."
Ich halte die Nikon hoch.
Es ist wahr.
Du könntest wirklich
in jedem Land dieser Erde leben.
Damit hättest du keine Probleme.
Überall erblickst du die Möglichkeit,
deiner inneren Stärke
Ausdruck zu verleihen.
Du spiegelst gerade das Bild einer Frau
in tiefer meditativer Entrückung.

Ich habe einmal gehört,
dass die besten Schachspielerinnen der Welt
sogar gegen den Wind antreten.
Aber mir ist nicht bekannt,
dass eine von ihnen ihre Autobiographie
veröffentlicht hätte.
Ja, sie sind sehr verschwiegen und geheimnisvoll.
Ich glaube, sie leben in Hingabe.
An dir jedoch, Liebste,
fasziniert mich diese verführerische Leichtigkeit,
die du ausstrahlst.
Du hast die gute alte Tour drauf
in absoluter Perfektion.
Mit dem unschuldigsten Gesicht
und voller Sanftmut etwas anzugehen.
Zielstrebig, sehr zielstrebig.
„Darf ich in der Pause
vielleicht einen kleinen Sketch vortragen?"
Der Clubmanager gibt seine Zustimmung.
Wenige Minuten später stehst du auf der Bühne
und sorgst für Stimmung im Saal.
Du bist die Überraschung des Abends.
Nach deinem Auftritt
 werden wir gemeinsam an einen Tisch gebeten.
Wir sind eingeladen.
Essen und trinken umsonst.
Am nächsten Morgen
erwachen wir in einem fremden Zimmer
unter dem reetgedeckten Dach
eines Hauses nahe am See.
„Woran denkst du gerade,"
fragst du lächelnd, „sinnierst du
über unsere zukünftigen Frühstücksgespräche?"
„Lebhaft geträumt und wie und so lebendig:
Nur von dir!

Das sollte dir gefallen.
Und immer wieder bist du auf der Bühne gestanden
und hast das Publikum zu Beifallsstürmen hingerissen.
Wie gefällt dir das?"
„Herzzerreißend.
Das klingt wie
Und jetzt die Wetteraussichten
für heute, für morgen und für übermorgen.
Aber ich fühle mich trotzdem geschmeichelt."
Dann legst du die Arme um meinen Hals.
„Damit du es weißt...
Ich habe dich ausgesucht, weil es so bestimmt war,
weil ich dich wiedererkannt und wiedergefunden habe.
Denn wir sind uns vor langer Zeit
bereits schon einmal begegnet.

Das ist in einem Traum geschehen,
der so lebendig und so schön war,
der mich durchflutete,
den ich verspürte von den Fußnägeln
bis in die Haarspitzen hinein,
ein Traum, von dem ich wusste,
dass er mehr als nur ein Traum ist.
Ein Traum, der mir endlich die Antwort brachte,
warum ich weiterzuleben habe
und der mich auch deswegen
mit Stolz und Zufriedenheit erfüllte,
weil du so verdammt gut aussiehst –
wenn du wüsstest, wie gut.
Denn ich bin eine Frau,
die man nicht finden wird,
wenn sie nicht gefunden werden will.
Ich bin Frühaufsteherin.
Das kühle helle Sonnenlicht,
der zartblaue weite Himmel.

Dazu eine erwachende Vogelschar,
die den Kirschbaum im Garten anfliegt.
Das ist vielleicht ein Gezwitscher und Geschrei
und eine große Aufgeregtheit.
Eine Beobachtung, die Heiterkeit in mir auslöst.
Diese kleinen Freuden
bedeuten den meisten Menschen nichts.
Absolut nichts!
Was kostenlos zu haben ist,
hat keinen Wert für sie.
Zweifelsfrei unterscheide ich mich
ziemlich stark von den Anderen.
Ja, ich weiß, was ich bin:
Ich bin eine sensible Verwilderte.

Lasse uns positiv in die Zukunft blicken.
Es ist unser kleines Leben, das hier abläuft.
Kein Abgemetzel, keine Hungersnöte,
sondern die große Chance der Nische.
Der Schatz unter deinen Schritten
ist der ganz normale Alltag,
diese große, lebendige Unruhe…
Und das Meer lässt mich träumen
und über vieles nachsinnen.
Ich habe Bilder vor Augen,
die den Wellen zu verdanken sind.
Ich bin so neugierig darauf
und so erwartungsvoll,
wie der Wellengang der Jahre
damit umgehen wird
und wie diese Bilder später einmal
in meinem Kopf aussehen werden."